ユニコーンぱん

カビぱん

かしわもちぱん

さくらもちぱん

よもぎもちぱん

ずんだもちぱん

きなこもちぱん

みたらしだんごぱん

わらびもちぱん

つぶあんぱん＆
こしあんぱん

ひなあられぱん

もちきんちゃくぱん

焼きもちぱん

プリンぱん

クッキーぱん

グミぱん

チョコぱん

まっちゃチョコぱん

いちごチョコぱん

アイスぱん

いちごぱん

みかんぱん

カレーぱん

ハンバーガーぱん

おだんごぱん

おでんぱん

にくまんぱん

さくらもちまんぱん

プリンまんぱん

チョコまんぱん

シュウマイぱん

ショウロンボウぱん

ハチミツぱん

キャンディチーズぱん

水まんじゅうぱん

ゴマだんごぱん

ひしもちぱん

しらたまぱん

紅白もちぱん

カップケーキぱん

特大にくまんぱん

だいふくぱん

いちごだいふくぱん

もちロールぱん

💜 ちびぱんのつくりかた 💜

①とる → ②こねる → ③つくる → ④つける → ⑤できる

3

もくじ

レベル1	レベル2	レベル3
かんたん	**ふつう**	**むずかしい**
5	27	49

この本のつかいかた

もんだい文を
よくよんでね。

とりくんだ日づけを
かいてね。

もんだいをとく
めやすのじかんだよ。

もんだいの
むずかしさだよ。

わからない
もんだいは、
おうちの人に
きいても、
こたえのページを
見てもいいよ。

こたえるときは、
ゆびでさしても、
えんぴつで
かいても、
いいよ。

ついかのもんだいに
チャレンジしよう。

もんだいの
ヒントだよ。

こたえがのっている
ページだよ。

もんだいをとくのに
かかったじかんを
かいてね。

4

かんたん

まずは、かんたんなもんだいだよ。
あたまをもちっとやわらかくして、
かんがえよう！

もんだい 1 えさがし

1 くろぱん🐻は
どこに
いるかな？

2 チョコまんぱん🐻
はなんびき
いるかな？

3 しろぱん🐻を
5ひき
見つけよう。

もちっともんだい

カップケーキぱん🧁はどこかな？

こたえは66ページ

もう1もん！

6ページから7ページに
マシュマロはいくつあるかな？

もんだい 2 てんつなぎ

とりくんだ日
月 日

おなじいろの ● を1から
じゅんばんにせんをひいてみよう。

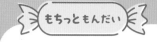

8ページでてんのかずがおおいのはどっち?

8

こたえは66ページ

もちっとヒントをちょうだい！

こんな見た目をしているよ。
ちびぱん、さくらもちぱん、よもぎもちぱん

③ せんつなぎ

おなじちびぱんをまっすぐなせんでつなぐとできる
ことばはなにかな？

こたえは67ページ

かかったじかん

ふん

どのちびぱんのシルエットかあてよう。

1

① ② ③ ④ ⑤

2

① ② ③ ④ ⑤

もちっともんだい
ひなあられぱん のあたまには、ひなあられが
いくつついているかな？ 4 の⑤がヒントだよ。

4ぷんでとけるかな？

やさしい

3

① ② ③ ④ ⑤

4

① ② ③ ④ ⑤

こたえは67ページ

かかったじかん

ふん

もちっとヒントをちょうだい！

とくちょうてきなぶぶんに、ちゅう目してみよう！

ひしもちぱんがつまれているよ。

なんびきいるか、それぞれかぞえよう。

1

2

もちっともんだい

14ページから15ページにでてくる

ひしもちぱん  はぜんぶでなんびきかな？

3

4

こたえは68ページ

もちっとヒントをちょうだい！

かくれて見えない
ひしもちぱんもいるから、気をつけて！

大きいのはどっち？

スタート

7

12

56

43

1
大きい
すう字をえらんで
ゴールまでいこう。

2
うさぱん は
なんびきいるかな？

3
シュウマイぱん
はどこに
いるかな？

もちっともんだい

もんだいにでてくるすう字で
4ばんめに大きいすう字はなにかな？

16

4ぷんでとけるかな？

やさしい

69

96

370

216

ゴール

🍴 こたえは68ページ

かかったじかん

ふん

もう1もん！

16ページから17ページに
しろぱん 🐻 はなんびきいる？

17

マスうめ

ルールにそって、マスの中にちびぱんを入れよう。

〈れい〉

ルール

たて、よこの
おなじれつに
おなじちびぱんが
入らないように
しよう。

よこのれつに
くろぱんは
1ぴきだよ。

たてのれつにも
くろぱんは
1ぴきだよ。

もちっともんだい

18ページと19ページにいる
ハチミツぱん  を足すとなんびきかな?

入れるちびぱん

キューピッドぱん　　おはなぱん　　かしわもちぱん

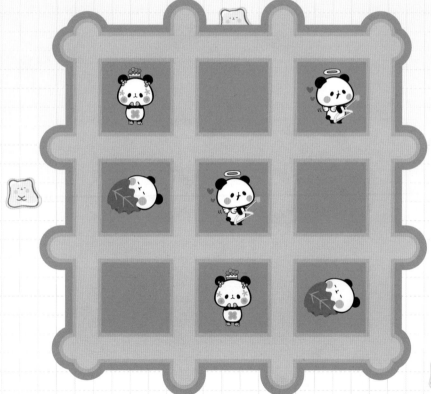

こたえは69ページ

かかったじかん

ふん

もちっとヒントをちょうだい！

ななめだったら、おなじれつに
おなじちびぱんが入ってもいいよ。

19

とりくんだ日
月　日

かごの中にちびぱんたちがつまっているよ。
かごの中とおなじくみあわせのものをえらぼう。

もちっともんだい

20ページで
かごのそとにいるにくまんぱん 🍙 はなんびきかな？

①

②

③

④

⑤

こたえは69ページ

もちっとヒントをちょうだい！

みみのいろやかたちも、よく見てみよう。1ぴきずつ
しかいないちびぱんにちゅう目するといいよ！

かかったじかん

ふん

21

ルールにそって
フルーツのちびぱんがならんでいるよ。
きりわけたぶぶんはどれかな？

もちっともんだい
22ページから23ページの
どこかにかくれている特大にくまんぱん  をさがそう。

①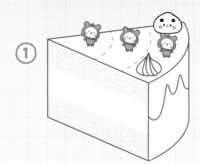

②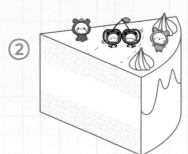

③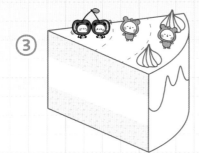

④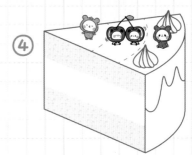

⑤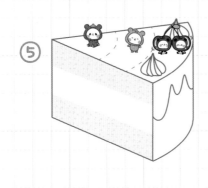

こたえは70ページ

かかったじかん

ふん

もちっとヒントをちょうだい！

そとがわ、まん中、うちがわで
ならびかたのルールがちがうよ。

おなじすう字を、それぞれせんでつなごう。
つないだせんがおれまがったところにある文字を
ならびかえるとできることばはなにかな？

ルール

4つのルールをまもって、せんをひくよ。
①せんは、たてとよこにひけるけど、
　ななめにはひけないよ。
②せんは、まじわってはいけないよ。
③1つのマスに1本のせんしかひけないよ。
④ぜんぶのマスをとおるよ。

〈れい〉

「プ」は
おれまがった
ところにないから、
よまないよ。

1　2　2

プ　3　2

1　3　3

おれまがった
ところにある文字は
「メ」と「ア」。

これを
ならびかえると
「アメ」になるよ。

もちっともんだい

タイヤをころがしているくろぱん　はどこかな？

1	2	3	ロ
ヨ	カ	2	レ
マ	コ	1	ー
3	チ	ト	ン

こたえは70ページ

もう1もん！

もんだいでよんでいない文字を
ならびかえるとできることばはなにかな？

もちっとなぞなぞ

1

とりの赤ちゃんの
おまつりってな〜んだ？

2

「ダン！」と
5かいならすとできる
たべものってな〜んだ？

3

たいやきの中にかくれている、
ちびぱんがころがしたくなる
ものはな〜んだ？

こたえは79ページ

ふつう

つぎは、ちょっとレベルを上げたもんだいだよ。
けいさんもんだいがでてくるけど、
とけるかな？

ひしもちぱんがつまれているよ。
やじるしのほうこうから見ると、どう見えるか、えらぼう。

①	②	③	④
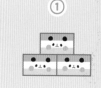	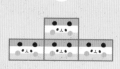		

3ぷんでとけるかな？

やさしい ふつう

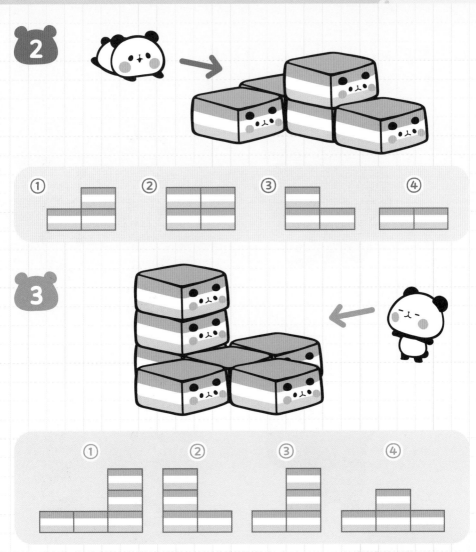

2

① ② ③ ④

3

① ② ③ ④

こたえは71ページ

かかったじかん

ふん

もう1もん！

28ページから29ページでちびぱんと
目があっているひしもちぱんはなんびきいるかな？

29

とりくんだ日
月 日

だれかのシルエットが、かがみにうつっているよ。
どのもちぱんのシルエットかな？

もちっともんだい

いちごだいふくぱん はどこにいるかな？

4ぷんでとけるかな？

やさしい　　ふつう

3

①  ②

③

④

⑤

4

①  ②

③

④

⑤

こたえは71ページ

かかったじかん

ふん

もちっとヒントをちょうだい！

あたまの中で右と左をはんたいにしてね。
ほんとうのかがみをつかってもいいよ！

? のところにすう字をうめながら、
スタートからゴールまでいこう！

〈れい〉

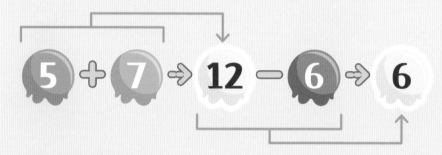

$$5 + 7 \Rightarrow 12 - 6 \Rightarrow 6$$

まえのけいさんをとくと、つぎのけいさんのしきがわかるよ。

もちっともんだい

アイスぱん はどこにいるかな？

スタート

$3 + 8 \Rightarrow ? - 4$

$? + 6 \Rightarrow ? - 9$

$? + 8 \Rightarrow ? - 6$

ゴール

$? + 5 \Rightarrow ?$

こたえは72ページ

もちっとヒントをちょうだい！

1かいまちがえると、それよりあとが
ぜんぶまちがってしまうから、おちついてとこう。

かかったじかん

ふん

りょこうにいっているおしゃれぱんから
てがみがとどいたよ。
おみやげはおいしいスイーツみたい。
なんてかいてあるか、よんでみよう。

おたみやたたげたは
バタームタクーヘタン

こたえは72ページ

かかったじかん

ふん

もちっとヒントをちょうだい！

てがみには、たぬきのかっこうをしたちびぱんが
かかれているね。「た」ぬき……「タ」ヌキ……！

でかぱんがジグソーパズルをつくったよ。

もちっともんだい

ジグソーパズルの中に、くろぱん  はなんびきいるかな?

足りないピースはどれかな？

①

②

③

こたえは73ページ

もちっとヒントをちょうだい！

えのつながりやピースのかたちにちゅう目。
このページをコピーして、ピースをきりとってもいいよ。

きそくパズル

あるルールにそって、すう字がならんでいるよ。
?に入るすう字はなにかな？

〈れい〉

+3　+3　+3

3　6　?　12

こたえ **9**

すう字が3ずつ大きく
なっているよ。
6より3大きくて、12より
3小さいかずだから、
?に入るすう字は9だよ。

1

18　14　?　6　2

38ページから39ページの中にしろぱんはなんびきいる？

やさしい　　ふつう

2

1　2　4　7　？　16

3

5　6　4　3　？

こたえは73ページ

かかったじかん

ふん

もちっとヒントをちょうだい！

となりのかずとくらべて、いくつ大きいか、
いくつ小さいかを、やじるしの上にかいてみよう！

39

とりくんだ日
月 日

ルールにそって、マスの中にちびぱんを入れよう。

たて、よこの
おなじれつに
おなじちびぱんが
入らないように
しよう。

〈れい〉

もちっともんだい
40ページから41ページにいる
しろぱん  とくろぱん をあわせると、なんびきかな?

7ふんでとけるかな？

やさしい　ふつう

わらびもちぱん

よもぎもちぱん

さくらもちぱん

こたえは74ページ

かかったじかん

ふん

もう1もん！

さくら〇〇、よもぎ〇〇、わらび〇〇。
〇〇に入ることばはなにかな？

41

焼きもちぱん  ときなこもちぱん と
みたらしだんごぱん がいるよ。
おなじちびぱんどうしを、せんでむすぼう。

ルール

4つのルールをまもって、せんをひくよ。
①せんは、たてとよこにひけるけど、
　ななめにはひけないよ。
②せんは、まじわってはいけないよ。
③1つのマスに1本のせんしかひけないよ。
④すべてのマスをとおろう。

〈れい〉

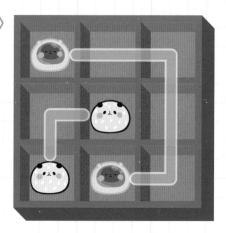

もちっともんだい

右のシルエットは、
42ページから43ページにいるどのちびぱんかな？

こたえは74ページ

かかったじかん

ふん

もちっとヒントをちょうだい！

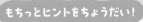

1かしょからしか
せんをひけないちびぱんをさがそう。

キューピッドぱんがパーティーをひらいたよ。
ドーナツを3つ、ケーキを2つ、
ソフトクリームを1つ、テーブルの上にじゅんびして、
ひめぱんとハートぱんをまっているよ。

2 のあとに、
テーブルの上にあるケーキはいくつかな？

1

ハートぱんがケーキを
2つもってきて
テーブルにおいたよ。
テーブルの上にある
ケーキはいくつかな?

2

ひめぱんがドーナツと
ケーキとソフトクリームを1つずつ
もってきて、テーブルにおいたよ。
テーブルの上にある
ソフトクリームはいくつかな?

3

キューピッドぱんが
ドーナツを2つと
ケーキを1つたべたよ。
テーブルの上にある
ドーナツはいくつかな?

こたえは75ページ

かかったじかん

ふん

もう1もん!

3 のあとに、テーブルの上には、ケーキと
ソフトクリームがいくつずつあるかな?

でかぱんがあとでたべようと、とっておいた
だいふくぱんがなくなっていたよ。
ちびぱんたちのはなしをきいて、
だれがたべたのか、あてよう。
だれか1ぴきがうそをついているみたい……。

ベビぱん

へんてこぱんが
たべていたばぶ。

ベビぱんと
ヤンぱんは
たべていないよ。

ヤンぱん

ヤンぱんが
たべていたよ。

へんてこぱん

かんがえかた

1ぴきずつにちゅう目（もく）してかんがえよう。

ベビぱんがうそをついているとすると
　…ヤンぱんとへんてこぱんのいっていることは（ あう・あわない ）

ヤンぱんがうそをついているとすると
　…ベビぱんとへんてこぱんのいっていることは（ あう・あわない ）

へんてこぱんがうそをついているとすると
　…ベビぱんとヤンぱんのいっていることは（ あう・あわない ）

こたえは75ページ

もちっとヒントをちょうだい！

うそをついているちびぱんと、だいふくぱんを
たべたちびぱんは、おなじだよ。

かかったじかん

ふん

47

もちっとなぞなぞ

4

雨<ruby>あめ</ruby>の日<ruby>ひ</ruby>にだけ
あらわれる
インコってな〜んだ？

5

にくまんぱんの中<ruby>なか</ruby>に
かくれている
どうぶつってな〜んだ？

6

でん車<ruby>しゃ</ruby>の中<ruby>なか</ruby>にある
かわってな〜んだ？

こたえは79ページ

レベル3

むずかしい

さいごは、ちょっとむずかしいもんだいに
ちょうせんだ！もんだい文をじっくりよんで、
じぶんのペースですすめよう。

どっちがおおきい？

でかぱんがつくった特大にくまんぱんを
くろぱんがもっていっちゃったよ。すう字が大きいほうの
みちをえらんで、くろぱんをおいかけよう。

スタート

15+3

12+8

2+7

3+5

もちっともんだい
50ページから51ページの中で、
足したあと5ばんめに大きいすう字はなにかな？

50

30+45 50+22

40+41 60+13

ゴール

🍴 こたえは76ページ

かかったじかん

ふん

もう1もん！

タイヤをころがしているちびぱん はどこかな？

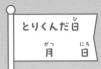

下から見たちびぱんのシルエットだよ。
どのちびぱんのシルエットか、あてよう。

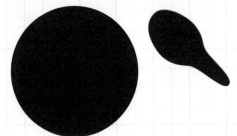

もちっともんだい

52ページから53ページの中に
スイーツのかっこうをしたちびぱんはなんびきいるかな?

52

3

①

②

③

④

⑤

4

①

②

③

④

⑤

こたえは76ページ

もちっとヒントをちょうだい！

それぞれのちびぱんのかっこうや、もちものを見て
下から見たときのシルエットをそうぞうしよう！

かかったじかん

ふん

てれぱんからてがみをもらったでかぱん。
てれぱんがちびぱんたちにたべられないように
カステラをかくしたみたい。
かくしたばしょがてがみにかかれているらしいけど、
なんてかいてあるのかな？

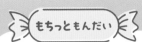

ひめぱん

① ○ ○ ○

焼きもちぱん

○ ② ○ ○ ○

ずんだもちぱん

○ ○ ③ ○ ○ ○

みのむしぱん

○ ○ ○ ④ ○

カステラは
①②③④の中にあるよ。

こたえは77ページ

かかったじかん
ふん

もちっとヒントをちょうだい！

なまえと○のかずがおなじだね！

55

プリンぱんがでかぱんにカップケーキを1つ、
わたあめを2つ、ホットケーキを3つプレゼントしたよ。
それを見たちびぱんレンジャーとおしゃれぱんも
でかぱんにプレゼントをおくることにしたみたい。

56ページから57ページのどこかにいる
ハチミツぱん　をさがそう。

7ふんでとけるかな？

やさしい　　ふつう　　むずかしい

1 ちびぱんレンジャーが
カップケーキ3つとわたあめ2つを
でかぱんにプレゼントしたよ。
わたあめはぜんぶでいくつかな？

⬇

2 おしゃれぱんがカップケーキ1つと
ホットケーキ2つをでかぱんに
プレゼントしたよ。ホットケーキは
ぜんぶでいくつかな？

⬇

3 でかぱんがカップケーキを2つ、
わたあめを3つ、ホットケーキを1つたべたよ。
カップケーキ、わたあめ、ホットケーキは
それぞれいくつのこっているかな？

こたえは77ページ

もう1もん！

のこったおやつをぜんぶあわせたかずは、
5よりも大きい？　小さい？

かかったじかん

ふん

ちびぱんとくろぱんとしろぱんが、みんなでつくった
にくまんぱんをもって、おでかけするみたい。
8こあるにくまんぱんを、ぜんぶ3びきでわけて
リュックに入れたよ。59ページのシーソーを見て、
それぞれがもっているにくまんぱんのかずをあてよう。

くろぱんのリュック

しろぱんのリュック

ちびぱんのリュック

なにも入っていないときのリュックのおもさ、
にくまんぱんのおもさはそれぞれおなじとするよ。

もちっともんだい

つくったにくまんぱんが6こだったら、
それぞれがもっているにくまんぱんはいくつかな?

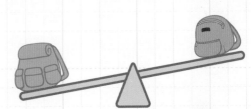

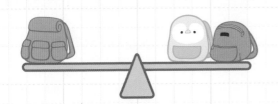

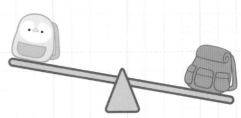

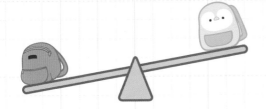

8ぷんでとけるかな？

やさしい　ふつう　むすかしい

こたえは78ページ

かかったじかん

ふん

もちっとヒントをちょうだい！

くろぱんとしろぱんのリュックをあわせると、
ちびぱんのリュックとおなじおもさってことは、
ちびぱんがもっているにくまんぱんは4つだね。

59

ちびぱんがせいろのサウナに入っているよ。
ルールにそって、せいろの中にちびぱんを入れよう。

ルール

たて、よこの
おなじれつに
おなじちびぱんが
入ることはないよ。

〈れい〉

もちっともんだい

60ページから61ページの中に、
しろぱん🐻はぜんぶでなんびきいる？

にくまんぱん　　 プリンまんぱん　　 さくらもちまんぱん　　 チョコまんぱん

 もちっとヒントをちょうだい！

まずはどこか1かしょをえらんで、
そこにしか入らないちびぱんを見つけよう。

61

大きなケーキにデコレーションをするよ。
クッキーぱん、いちごチョコぱん、アイスぱん、
いちごぱんがそれぞれどこにかざられたのか、あてよう。

もちっともんだい
④の左にいるちびぱんのなまえはなにかな？
この本のどこかにかいてあるよ。

①と②には
かざられなかったよ。

クッキーぱん

①か④に
かざられたよ。

いちごチョコぱん

①に
かざられたよ。

アイスぱん

いちごの
ないだんに
かざられたよ。

いちごぱん

こたえは79ページ

もちっとヒントをちょうだい！

ひょうをつくると
わかりやすいよ！

	①	②	③	④
クッキーぱん				
いちごチョコぱん				
アイスぱん				
いちごぱん				

かかったじかん

ふん

63

7

トランプの中（なか）で
もえているものって
な〜んだ？

8

おゆだけしか
入（はい）らないコップって
な〜んだ？

9

たべると
あんしんする
ケーキってな〜んだ？

こたえ

いままでのもんだいの
こたえ合わせをしよう！
ぜんもんとけたかな？

もんだい 1

1 ▶ ○   **2** ▶ ○ **4ひき**   **3** ▶ ○

もちっともんだい ▶ ○   もう1もん！ ▶ ◌ **5つ**

もんだい 2

ちびぱん
てん 34こ

さくらもちぱん
てん 50こ

よもぎもちぱん
てん 80こ

もちっともんだい ▶ **さくらもちぱん**

チーズケーキ

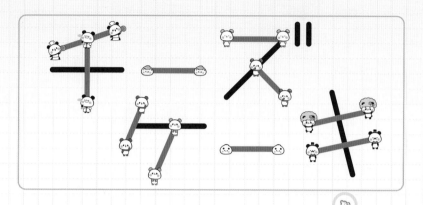

もちっともんだい ▶ ○

もちっともんだい ▶ 8つ

もんだい 5

 ► **5ひき**

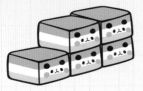

► **7ひき**

 ► **4ひき**

► **9ひき**

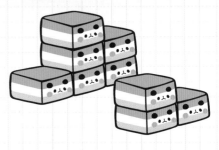

もちっともんだい ► **25ひき**

もんだい 6

► ── 2 ► ○ **5ひき** 3 ► ○

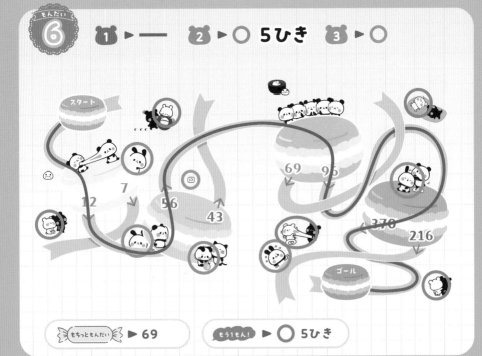

もちっともんだい ► **69**

もう1もん！ ► ○ **5ひき**

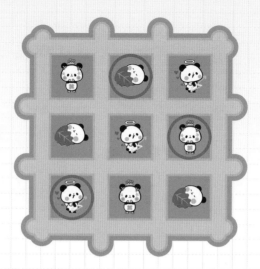

もちっともんだい ▶ 11ぴき

 ③

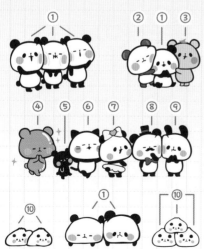

〈かごの中にいるちびぱん〉

①ふつうのちびぱん…6ぴき

②チョコぱん…1ぴき

③さくらもちぱん…1ぴき

④ゴールドぱん…1ぴき

⑤くろぱん…1ぴき

⑥ねこぱん…1ぴき

⑦アイドルぱん…1ぴき

⑧おしゃれぱん…1ぴき

⑨うさぱん…1ぴき

⑩にくまんぱん…5ひき

もちっともんだい ▶ 7ひき

③

でかぱんのところから
そとがわ(ピンクのところ)は、
やじるしのむきに、
🐼→🍒→🐭のじゅんで
ならんでいるよ。

まん中(あおいところ)は
🐼→🐭のじゅんでならんでいるよ。

うちがわ(きいろのところ)は
🐼→🐭→🍒のじゅんで
ならんでいるよ。

きりわけた
ぶぶんは、
③になるよ。

もちっともんだい ▶

もんだい 10 　マカロン

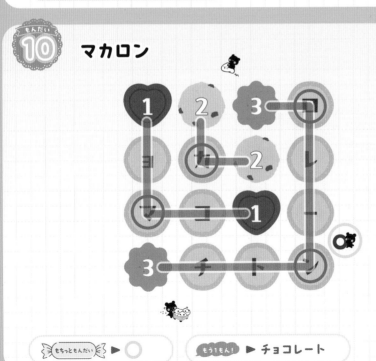

もちっともんだい ▶ ○　　もう1もん！ ▶ チョコレート

もんだい
11

1 ▶ ④

2 ▶ ③

3 ▶ ①

もちっともんだい ▶ 1 ▶ 5ひき ▶ 2 ▶ 5ひき ▶ 3 ▶ 7ひき   もう1もん！ ▶ 4ひき

もんだい
12

1

3

2

4

もちっともんだい ▶ ◯

もんだい 13

スタート

3 ＋ 8 → 11 － 4

7 ＋ 6 → 13 － 9

4 ＋ 8 → 12 － 6

6 ＋ 5 → 11　ゴール

もちっともんだい ▶ ○

もんだい 14

バームクーヘン

お~~た~~みや~~たた~~げ~~た~~は バ~~タ~~ームク~~タ~~ーヘ~~ン~~ン

「た」と「タ」をぬいて、
文しょうをよむと、
「おみやげはバームクーヘン」
になるよ!

1
2
3
4
5
6

もちっともんだい ▶ 6さつ

72

③

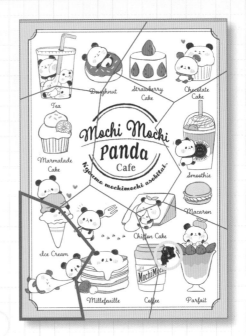

もちっともんだい ▶ ◯ 1ぴき

16

1 ▶ **10**

2 ▶ **11**

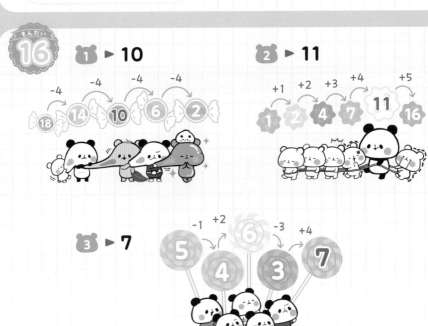

3 ▶ **7**

もちっともんだい ▶ 10ぴき

もちっともんだい ▶ **14 ひき**　　もう1もん! ▶ **もち**

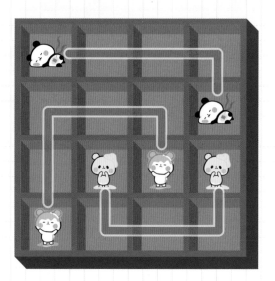

もちっともんだい ▶ **きなこもちぱん**

19 ❶ ▶ 4つ ❷ ▶ 2つ ❸ ▶ 2つ

もちっともんだい ▶ 5つ もう1もん！ ▶ ケーキ…4つ、ソフトクリーム…2つ

20 へんてこぱん

ベビぱんは、「へんてこぱんがたべた」といっているね。
ヤンぱんのいっている「ベビぱんもヤンぱんもたべていない」は、
のこったへんてこぱんがたべたということだよ。
ベビぱんとヤンぱんのいっていることがいっしょだね。
どちらか1ぴきがうそをついているとすると、
はなしがあわないから、へんてこぱんがうそをついていて、
だいふくぱんをたべたのはへんてこぱんだよ。

かんがえかた

1ぴきずつにちゅう目してかんがえよう。
ベビぱんがうそをついているとすると
…ヤンぱんとへんてこぱんのいっていることは（ あう **あわない** ）
ヤンぱんがうそをついているとすると
…ベビぱんとへんてこぱんのいっていることは（ あう **あわない** ）
へんてこぱんがうそをついているとすると
…ベビぱんとヤンぱんのいっていることは（ **あう** あわない ）

もちっともんだい ▶ ◯

75

もんだい **21**

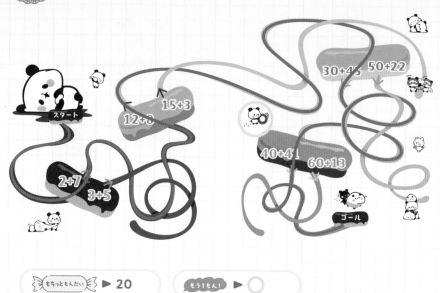

スタート

12+8

15+3

2+7

3+5

30+4? 50+22

40+4? 60+13

ゴール

もちっともんだい ▶ **20**

もう1もん！ ▶ ◯

もんだい **22**

1

① ② ③ ④ ⑤

3

① ② ③ ④ ⑤

2

① ② ③ ④ ⑤

4

① ② ③ ④ ⑤

もちっともんだい ▶ **6ぴき** （しらたまぱん 2ひき、わらびもちぱん 1ぴき、さくらもちぱん 1ぴき、
きなこもちぱん 1ぴき、もちロールぱん 1ぴき）

23 ひきだし

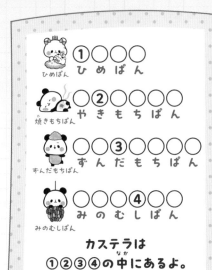

 ► 3びき

24

1 ► 4つ　2 ► 5つ　3 ► カップケーキ… 3つ
わたあめ… 1つ
ホットケーキ… 4つ

53ページ 2 のところ

 ► ◯　 ► 大きい

むずかしい もんだいの こたえ

ちびぱん… **4こ**
くろぱん… **3こ**
しろぱん… **1こ**

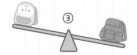
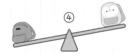

②のシーソーをみると、ちびぱんのリュックは
くろぱんとしろぱんのリュックをあわせたおもさと
おなじおもさだね。
ちびぱんのもっているにくまんぱんは、
8このはんぶんの4こだよ。
④のシーソーをみると、くろぱんのリュックは
しろぱんのリュックよりおもいね。
のこった4こを、かたほうより
おおくもつようにわけると3こと1こになるから、
くろぱんが3こ、しろぱんが1こもっているよ。

もちっともんだい ▶ ちびぱん…3こ　くろぱん…2こ　しろぱん…1こ

もちっともんだい ▶ **6ぴき**

27 ①アイスぱん　②いちごぱん
③クッキーぱん　④いちごチョコぱん

アイスぱんは①にかざられたといっているので、①になるよ。
いちごチョコぱんがかざられたのは①か④で、
①はアイスぱんだから④になるよ。
いちごぱんがかざられたのは、いちごがない
①か②で、①はアイスぱんだから②になるよ。
クッキーぱんがかざられたのは、
①と②ではないから③か④。
④はいちごチョコぱんだから③になるよ。

	①	②	③	④
クッキーぱん	×	×	○	×
いちごチョコぱん	×	×	×	○
アイスぱん	○	×	×	×
いちごぱん	×	○	×	×

もちっとももんだい ▶ プリンぱん

もちっとなぞなぞ の こたえ

1 ▶ **ひなまつり** (とりの赤ちゃんのことはヒナっていうよ)

2 ▶ **だんご** (ダン・5)

3 ▶ **タイヤ** (タイヤ・き)

4 ▶ **レインコート** (レ・インコ・ート)

5 ▶ **クマ** (に・クマ・んぱん)

6 ▶ **つりかわ** (立っているときにもつところだよ)

7 ▶ **ランプ** (ト・ランプ)

8 ▶ **ゆのみ** (ゆ・のみ)

9 ▶ **ホットケーキ** (ほっと・ケーキ)

陰山英男（かげやま　ひでお）

　兵庫県朝来町立（現朝来市立）山口小学校教師時代から、反復学習や規則正しい生活習慣の定着で基礎学力の向上をめざす「陰山メソッド」を確立し、脚光を浴びる。

　百ます計算や漢字練習の反復学習を続け基礎学力の向上に取り組む一方、そろばん指導やICT機器の活用など新旧を問わず積極的に導入する教育法によって子どもたちの学力向上を実現している。

STAFF
編集／市瀬恵（株式会社スリーシーズン）
イラスト／Yuka（株式会社カミオジャパン）
編集協力／真鍋良子、谷口聖（株式会社カミオジャパン）
ブックデザイン・DTP／佐々木恵実（株式会社ダグハウス）

もちもちぱんだ
ちょこっと　頭やわらかドリル　小1レベル

2024年7月5日　初版第1刷発行

監　修　陰山英男
発行者　淺井　亨
発行所　株式会社実務教育出版
　　　　〒163-8671　東京都新宿区新宿1-1-12
　　　　電話　03-3355-1812（編集）　03-3355-1951（販売）
　　　　振替　00160-0-78270

印刷所／文化カラー印刷　　製本所／東京美術紙工